Klemmentinis im Herbst

Jetzt kommen wir, die Klemmentinis!

Wer hätte das gedacht, dass die kleinen, unscheinbaren Holzklammern so niedlich und dekorativ aussehen können? Wohl kaum jemand, oder?
Holen Sie sich schnell ein paar Holzklammern in verschiedenen Ausführungen, etwas Acrylfarbe, Fotokarton und schon kann der Spaß beginnen.
Sie werden sehen, die Klemmentinis finden überall ein Plätzchen.

Viel Spaß beim Basteln wünscht Ihnen

Ihre

Monika Gänsler

Die Motive lassen sich in folgende Schwierigkeitsgrade unterteilen:

● ○ ○ einfach ● ● ○ etwas schwieriger ● ● ● anspruchsvoll

MATERIAL UND WERKZEUG

Folgende Materialien und Werkzeuge werden für fast jedes der im Buch gezeigten Motive benötigt:

- matte Acrylfarbe
- Fotokarton in verschiedenen Farben und Mustern
- dünner, wasserfester Stift in Schwarz (für die Innenlinien)
- Transparentpapier
- dünne Pappe (für Schablonen)
- Bleistift und Radiergummi
- Heißklebepistole
- UHU Alleskleber Kraft
- Klebestift
- mittelgroße, spitze Schere
- kleine, spitze, halbrunde Nagelschere
- Borstenpinsel
- schmaler Pinsel
- dünner, weißer Stift (Augen und Zähne)
- evtl. Cutter mit geeigneter Schneideunterlage
- Pinzette zum Festhalten der kleinen Teile

Die restlichen Materialien sind in der jeweiligen Materialliste aufgeführt.

Hinweis: **Da die Motive klein sind, genügen Reste von Fotokarton bzw. Filz.**

Hinweis: **Länge und Breite einer Klammer schwanken je nach Hersteller um bis zu 2 mm.**

So wird's gemacht

1 Das Transparentpapier auf das Motiv auf dem Vorlagenbogen legen und alle Teile aufzeichnen, die später an die Klammer geklebt werden.

2 Das abgepauste Papier auf dünne Pappe kleben und die Teile ausschneiden. Die Schablonen auf den passenden Untergrund legen, mit einem Bleistift bzw. Kugelschreiber (bei Filz) die Umrisse umfahren und die Motivteile ausschneiden. Die Klammer auseinander bauen und bemalen. Nach dem Trocknen die Klammer wieder zusammensetzen.

3 Die Innenlinien ergänzen: Das Motiv vom Vorlagenbogen auf Transparentpapier abpausen und auf der Rückseite die Innenlinien mit einem Bleistift nachziehen. Jetzt das Transparentpapier auf das Motiv legen und die Linien nachziehen. Der auf der Rückseite haftende Grafit überträgt sich so auf das Motiv. Ggf. Bohrungen vornehmen. Die Einzelteile vorsichtig mit der Heißklebepistole fixieren oder UHU Alleskleber Kraft verwenden. Für das Zusammenfügen der Fotokartonteile nimmt man am besten einen Klebestift.

1

2

3

Tipps und Tricks

- Das Übertragen der Innenlinien lässt sich vereinfachen, wenn man eine Auflagefläche für die Hand in Höhe der Klammer, zum Beispiel eine Zeitschrift, verwendet. Die Klammer legt man direkt an die Kante.
- Für das Weiß der Augen kann man weiße Acrylfarbe oder einen weißen Stift verwenden.
- Darauf achten, wie die Klammer festgeklemmt werden soll.
- Das Zerlegen und Zusammenbauen setzt etwas Geschicklichkeit voraus und sollte daher geübt werden, bevor die Klammer angemalt wird. Im Fachhandel erhält man auch bereits eingefärbte Klammern in Rot, Blau, Grün und Gelb.

Herbst

→ eine fruchtige Girlande

1 Alle Holzwäscheklammern in Schilf und die Holzbuchstaben in Olivgrün anmalen.

2 Die Pilzkappe von vorne auf den Pilz kleben. Die Schale und die Kastanie auf die Kastanienhülle, das Grün auf die Brombeere, das Eichelhütchen auf die Eichel, Stiel und Blütenrest auf die Hagebutte und das Häubchen auf die Haselnuss kleben.

3 Auf die Klammern jeweils einen Holzbuchstaben und ein Fotokartonmotiv kleben. Die fertigen Klammern an eine Juteschnur klemmen.

MOTIVHÖHE

Buchstabe H: ca. 8 cm

MATERIAL

- 6 Holzwäscheklammern, 7,5 cm lang
- 6 Holzbuchstaben, 4 cm hoch
- Fotokartonreste in Grau, Dunkelrot, Grün, Elfenbein, Dunkelbraun, Hellgrün, Rot, Dunkelgrün und Schwarz
- Acrylfarbe in Schilf und Olivgrün
- Juteschnur in Natur, ø 6 mm, ca. 60 cm lang

VORLAGENBOGEN 1A

Familie Rabe

→ ein idyllisches Trio

MOTIVHÖHE
9,5 cm bzw. 4,5 cm

MATERIAL
- 2 Holzwäscheklammern, 7,5 cm lang
- Holzwäscheklammer, 4,5 cm lang
- Fotokartonreste in Hellgrün, Blau, Schwarz, Braun und Sonnengelb
- Feder in Schwarz
- Acrylfarbe in Schwarz
- Buntstift in Rot

VORLAGENBOGEN 1A

1 Die Klammern schwarz anmalen. Nach dem Trocknen die Gesichter aufmalen, die restlichen Innenlinien ergänzen und die Wangen mit einem Buntstift röten.

2 Hut und Sonnenblume zusammenfügen. Den Hut, den Schnabel, beide Flügel und das Fußteil beim Rabenmann von vorne anbringen.

3 Die Rabenfrau bekommt die Haarpracht, den Schnabel, die Blume, beide Flügel und das Fußteil aufgeklebt.

4 Dem kleinen Raben Schnabel und Füße ankleben. Den Schwanz aus Fotokarton ergänzen und ein paar Federteilchen von hinten an das vordere Klammerteil kleben.

Tipp: **Der Rabenfrau kann auch eine echte Feder als Haarschopf angeklebt werden.**

Zwei nette Igel

→ herbstliche Tischdekoration

MOTIVHÖHE
ca. 4,5 cm

MATERIAL

- 2 Holzwäscheklammern, 7,5 cm lang
- Fotokartonreste in Dunkelbraun, Hautfarbe, Schwarz, Grün und Hellgrün
- Regenbogenfotokartonreste in verschiedenen Farbverläufen
- Acrylfarbe in Schilf
- Buntstift in Rot

VORLAGENBOGEN 1A

1 Die Klammern in Schilf anmalen.

2 Dem Igel von hinten sein Gesicht und von vorne die Nasenspitze aufkleben. Das Gesicht anmalen und die Wange mit einem Buntstift röten. Den zweiten Igel genauso gestalten, jedoch spiegelverkehrt.

3 Der Birne den Stiel und vorne und hinten die grünen Blätter ankleben.

4 Der Apfel wird genauso gearbeitet, jedoch sind die Blätter aus hellgrünem Fotokarton. Die Igel wie abgebildet an die jeweilige Klammer kleben und den Apfel oder die Birne anklammern.

Piep, zwei kleine Mäuschen

→ einfach und niedlich

MOTIVBREITE
4 cm (ohne Schwänzchen)

MATERIAL
- 2 Holzwäscheklammern, 3 cm lang
- Fotokartonreste in Grau und Schwarz
- Acrylfarbe in Taubenblau
- Buntstift in Rot
- Paketschnur, ø 1,7 mm
- Weidenkorb, rund, ø 9 cm
- Pilze (künstlich)
- Blätter

VORLAGEN-BOGEN 1A

1 Die kleinen Klammern in Taubenblau anmalen. Den Fotokartonmäusen die Nasen ankleben. Jetzt die Gesichter gestalten und die Innenlinien ergänzen.

2 Ein kurzes Stückchen Paketschnur als Schwänzchen ankleben. Die Mäuschen an die Klammern kleben.

3 Die Mäuschen an ein kleines, mit Pilzen und Blättern gefülltes Weidenkörbchen klammern.

Wir sind kleine Sonnenblumen

→ eine süße Tischdekoration

MOTIVHÖHE
12 cm (Serviettenhalter)

MATERIAL

- 2 Nostalgieholzklammern, ø 1,5 cm, 9,5 cm lang
- Filz in Sonnengelb und Olivgrün
- Acrylfarbe in Zartrosa, Hautfarbe und Schilf
- Tontopf mit Unterteller, ø 5 cm bis ø 6 cm
- Satinband in Hellgelb, 2 x 12 cm lang
- Steckmasse
- Kokosfasern in Grün
- Bastelbast in Grün
- Bindedraht, ø 0,35 mm

VORLAGENBOGEN 1A

1 Beide Klammern in Hautfarbe und Schilf anmalen. Die Gesichter gestalten und die Blüten und Blätter aus Filz ankleben.

2 Jeder Sonnenblume ein Satinband als Schal um den Hals binden.

3 Den Tontopf mit zugeschnittener Steckmasse ausfüllen, etwas ankleben und eine Sonnenblume senkrecht in die Steckmasse drücken, etwas fixieren. Kokosfasern mit der Heißklebepistole auf die Steckmasse kleben.

4 Zum Schluss etwas Bastelbast mit Bindedraht umwickeln und festkleben. Die Drahtenden vorher locken.

Tipp: Der Kleber der Heißklebepistole sollte zum Fixieren der Kokosfasern nicht zu heiß sein, die Steckmasse könnte evtl. schmelzen.

Herbstliches Gemüse

→ als Kühlschrankmagneten

MOTIVHÖHE
Tomate 8 cm

MATERIAL
- 3 Holzwäscheklammern, 7,5 cm lang
- Fotokartonreste in Weiß, Grün, Dunkelgrün, Hautfarbe, Orange und Rot
- Acrylfarbe in Schilf
- Buntstift in Rot
- Bastelbast in Grün
- Bindedraht, ø 0,35 mm
- 3 selbstklebende Magnete, 0,5 cm x 3 cm

VORLAGEN-BOGEN 1A

1 Die Holzwäscheklammern in Schilf anmalen.

2 Der Porreestange vorne die Nase und hinten beide Porreeblätter ankleben. Der Tomate den Stiel, beide Augen und die Nase ankleben. Auf die Zwiebel vorne die Augen und hinten die Zwiebelblätter kleben.

3 Alle Innenlinien ergänzen, die Wangen der Porreestange und die Wange und Nase der Zwiebel mit einem Buntstift röten. Das Gemüse auf die entsprechende Klammer kleben. Etwas Bastelbast mit Bindedraht umwickeln, die Drahtenden locken und unterhalb des Motivs auf jede Klammer kleben.

4 Die Magnete hinten an die Klammern kleben.

Drei süße Früchtchen

→ für Marmeladengläser

1 Eine Klammer in Flieder, eine in Scharlachrot und eine in Mango anmalen. Nach dem Trocknen die seitlichen Bohrungen ausführen und die Gesichter gestalten.

2 Die Blattteile mit den Innenlinien versehen und ihnen von hinten einige Fasern Märchenwolle ankleben.

3 Das jeweilige Baumwollkordelstück am Ende mit einem Knoten versehen, eine Holzperle auffädeln, das Baumwollkordelstück durch die entsprechende Bohrung stecken, eine weitere Holzperle auffädeln und mit einem Knoten sichern.

4 Die Blätter an die Früchtchen kleben.

MOTIVHÖHE
Zwetschge 12 cm

MATERIAL

- 3 Holzklammern, 7,5 cm lang
- Fotokartonrest in Grün
- Acrylfarbe in Mango, Scharlachrot, Weiß, Zartrosa, Karminrot und Flieder
- Märchenwolle in Gelb
- Baumwollkordel in Grün, ø 1 mm, 3 x 14 cm lang
- 6 Holzperlen in Braun, ø 6 mm
- Bohrer, ø 1,5 mm

VORLAGENBOGEN 1A

Mein Wintervorrat!

→ ein kleines Eichhörnchen

1 Die Klammer in Pfirsich bemalen.

2 Dem Eichhörnchen die Nase, das Bein und von hinten den Schwanz ankleben.

3 Die Eichel zusammenfügen, dem Eichhörnchen und der Eichel die Innenlinien aufmalen.

4 Die Eichel mit Nähgarn an den Arm hängen. Das Eichhörnchen auf die Klammer kleben und etwas mit Bindedraht umwickelte Kokosfasern fixieren. Die Drahtenden locken.

Tipp: **Nüsse enthalten wertvolle Nährstoffe, die dem Hirn Energie geben. Wenn eine Prüfung vor der Tür steht, verschenken Sie das pfiffige Eichhörnchen mit einer Nussmischungen oder Studentenfutter!**

MOTIVHÖHE
9 cm

MATERIAL

- Holzwäscheklammer, 7,5 cm lang
- Fotokartonreste in Dunkelbraun, Braun, Rot, Grün und Grau
- Acrylfarbe in Pfirsich
- Bindedraht, ø 0,35 mm
- Nähgarn in Grün
- Nähnadel
- Kokosfasern in Grün

VORLAGEN-BOGEN 1B

MOTIVHÖHE
9 cm

MATERIAL
- 3 Holzwäscheklammern, 7,5 cm lang
- Regenbogenfotokartonreste in verschiedenen Farbverläufen
- Acrylfarbe in Schilf, Hautfarbe und Scharlachrot
- 3 gewölbte Holzplatinen, ø 3 cm
- 6 Rohholzkugeln, ø 1,2 cm, mit einer Bohrung von ø 3 mm
- 3 Pompons in Rot, ø 7 mm
- Baumwollkordel in Grün, ø 1 mm, 3 x 12 cm lang
- Kokosfasern in Grün
- Bindedraht, ø 0,35 mm
- Lochzange

VORLAGENBOGEN 1B

Blätterkinder

→ nicht auf den Kopf gefallen

1 Die Klammer in Schilf, die Holzplatine und die Rohholzkugeln in Hautfarbe anmalen. Mund, Augen und Wangen aufmalen und die Nasen fixieren. Einige Kokosfasern mit Bindedraht umwickeln, die Drahtenden locken und jedem Blatt ein Bündel ankleben. Mit der Lochzange zwei Löcher ausstanzen.

2 Das Baumwollkordelstückende mit einem Knoten versehen, eine Handperle auffädeln, durch das eine Loch im Blatt von vorne fädeln, von hinten durch das zweite Loch fädeln, die zweite Holzperle auffädeln und diese mit einem doppelten Knoten sichern.

3 Das Blatt mit der Heißklebepistole an der Klammer fixieren. Anschließend den Kopf ankleben.

Eule

→ mit gutem Gedächtnis

MOTIVHÖHE
9 cm

MATERIAL
- Holzwäscheklammer, 7,5 cm lang
- Fotokartonreste in Weiß, Braun, Elfenbein und Sonnengelb
- Sperrholz, 6 mm stark, 9 cm x 12 cm
- Acrylfarbe in Antikgrün
- Laubsäge mit Sägeblatt
- Schleifpapier

VORLAGENBOGEN 1B

1 Das Blatt aussägen und abschleifen. Das Blatt und die Klammer antikgrün anmalen.

2 Der Eule die Halsfedern, das Gesicht, den Schnabel und die Füße ankleben.

3 Alle Innenlinien ergänzen und die Eule samt dem beschrifteten Schild auf die Klammer kleben. Die fertige Klammer auf das Blatt kleben.

Tipp: Sie können Blatt und Eule aufhängen, indem Sie Bildaufhänger aufkleben oder annageln.

Vogelscheuche

→ verscheucht Unordnung

MOTIVHÖHE
9 cm

MATERIAL
- Holzwäscheklammer, 7,5 cm lang
- Fotokartonreste in Schwarz, Sonnengelb, Blau, Gelb, Rot und Hellgrün
- Acrylfarbe in Tannengrün und Hautfarbe
- Maisstroh in Gelb
- Knopf in Rot, ø 6 mm
- Motivlocher mit Herzmotiv
- Buntstift in Rot
- Bindedraht, ø 0,35 mm
- evtl. Klebepad

VORLAGENBOGEN 1B

1 Die Holzwäscheklammer in Hautfarbe und Tannengrün anmalen.

2 Das Gesicht gestalten und die entsprechenden Fotokartonteile laut Abbildung zusammensetzen. Das Herz ausstanzen oder von Hand ausschneiden.

3 Den Zylinder laut Vorlage zusammenfügen, von hinten mit beiden Haarteilen versehen und auf der Klammer fixieren. Der Vogelscheuche den Flicken und die Füße ankleben.

4 Einige Maisstrohfasern durch die Spirale der Klammer stecken und etwas Flüssigkleber in die Spirale träufeln.

5 Ein kleiner Knopf, mit Bindedraht verziert, schmückt den Körper.

Tipp: **Mit einem Klebepad können Sie die Vogelscheuche überall ankleben und Sicherheitsnadeln oder Büroklammern daran befestigen.**

Halloween

→ braucht etwas Zeit

1 Die Holzwäscheklammern in Dunkelblau, die Holzbuchstaben in Scharlachrot anmalen.

2 Dem sonnengelben Kürbis aus Fotokarton beide Augen, die Nase und den Stiel ankleben. Alle Innenlinien ergänzen und mit einem Buntstift die Wangen röten.

3 Dem Kürbis in Orange den Stiel und die Nase ankleben. Von hinten das Blatt ergänzen. Die Augen, den Zahn und alle Innenlinien aufmalen.

4 Dem grünen Kürbis von hinten den Stiel, von vorne die Augen und die Nase ankleben. Den Zahn und alle Innenlinien ergänzen.

5 Der Maus vorne den fertig angemalten Kopf und hinten das Schwänzchen aus Nähgarn ankleben.

6 Die Fledermäuse, die Katzen und beide Gespenster laut Abbildung bemalen. Die Nasen und Wangen der Gespenster mit einem Buntstift röten.

7 An jede Klammer einen Holzbuchstaben und ein Motiv kleben, nur der Anfangsbuchstabe hat zwei aufgeklebte Motive.

Tipp: **Bündeln Sie Zweige oder stecken Sie Zweige in eine Vase und bringen Sie den Schriftzug an. Zusätzlich können Sie die Zweige noch mit künstlichen Spinnweben und den Spinnen von Seite 23 verzieren.**

MOTIVHÖHE
Buchstabe H 9,5 cm

MATERIAL

- 9 Holzwäscheklammern, 7,5 cm lang
- Fotokartonreste in Schwarz, Weiß, Hellgrün, Dunkelgrün, Rot, Sonnengelb, Gelb, Grau und Orange
- Acrylfarbe in Scharlachrot und Dunkelblau
- 9 Holzbuchstaben, 4 cm hoch
- Nähgarn in Schwarz
- Buntstift in Rot

VORLAGENBOGEN 1B

Gespensterzeit

→ schnell gemacht

MOTIVHÖHE
4,5 cm

MATERIAL
- 3 Holzwäscheklammern, 3 cm lang
- Fotokartonrest in Weiß
- Acrylfarbe in Dunkelblau
- Buntstift in Rot

VORLAGENBOGEN 2A

1 Die kleinen Klammern dunkelblau anmalen.

2 Die Gespenster laut Vorlage gestalten, die Wangen und Nasen mit einem Buntstift röten.

3 Die Gespenster auf die Klammern kleben.

Tipp: Mit den kleinen Gespenstern können Sie einen einfachen Reisigstrauch ohne viel Aufwand originell gestalten.

Hexe mit Kater

→ unzertrennlich

MOTIVHÖHE
Hexe 10 cm

MATERIAL
- 2 Holzwäsche-klammern, 7,5 cm lang
- Fotokartonreste in Schwarz, Hautfarbe, Dunkelblau, Weiß, Grau und Rot
- Fotokartonrest in Rot-Blau gestreift
- Regenbogen-fotokartonrest (Flicken Kleid)
- Acrylfarbe in Taubenblau, Scharlachrot und Weiß
- Knopf in Rot, ø 6 mm
- Nähgarn in Gelb
- Märchenwolle in Orange
- Buntstift in Rot

VORLAGEN-BOGEN 2A

1 Die Klammern wie abgebildet anmalen. Am Hexenhut vorne den Flicken und hinten die Märchenwolle ankleben. Das Gesicht der Hexe gestalten, die Nase und die Wangen mit einem Buntstift röten. Den Hexenhut auf den Kopf kleben und den kompletten Kopf am Kleid fixieren.

2 Die Hände, den Flicken und den Knopf anbringen. Vorher etwas Nähgarn durch die Knopflöcher fädeln. Alle Innenlinien ergänzen. Die Hexe auf die Klammer kleben und die Schuhe anbringen.

3 Dem Kater von hinten beide Ohren und den Schwanz samt Schwanzspitze ankleben. Die Nase und die Pfoten anbringen.

4 Alle Innenlinien ergänzen und den Kater auf der Klammer fixieren. Die fehlenden Hinterpfoten ankleben und die Innenlinien aufmalen.

Happy Halloween

Beschreibung auf Seite 24.

Leon

Happy Halloween

→ eine gruselige Tischdekoration

MOTIVHÖHE
Fledermäuse 9,5 cm

MATERIAL FLEDERMÄUSE

- 2 Holzwäscheklammern, 7,5 cm lang
- 2 Holzwäscheklammern, 4,5 cm lang
- Fotokartonreste in Schwarz, Anthrazit, Rot und Gelb
- Acrylfarbe in Schwarz und Dunkelblau
- 2 Holzscheiben, ø 4 cm, mit einer Bohrung mit ø 4 mm

VORLAGENBOGEN 2A

Abbildung auch auf Seite 22/23.

Fledermäuse

1 Die großen Klammern schwarz, die kleinen Klammern und die Holzscheiben dunkelblau anmalen. Alle Teile aus Fotokarton ausschneiden.

2 Die Flügelteile auf die Fledermäuse kleben. Von vorne die Nase ergänzen. Die Gesichter aufmalen und alle Innenlinien ergänzen.

3 Die fertigen Fledermäuse auf die großen Klammern kleben. Mit der Heißklebepistole die großen Klammern senkrecht auf die Holzscheiben kleben. Wenn der Kleber trocken ist, erhalten die Fledermäuse ihre Füße.

4 Zum Fixieren der Sterne die Heißklebepistole benutzen. Je einen Stern auf die kleinen Tischkartenklammern und den Standfuß kleben. Das beschriftete Namensschild festklammern.

Papiergespenst

1 Die Klammer dunkelblau anmalen.

2 Das Gespenst aus Fotokarton ausschneiden. Das Gespenstergesicht aufmalen. Die Wangen und die Nase mit einem Buntstift röten. Das Gespenst auf die dunkelblaue Klammer kleben.

3 Das Gespenst an ein Reisigbündel klammern.

Serviettenhalter-Gepenster

1 Die Holzwäscheklammern bis zur Verjüngung dunkelblau anmalen.

2 Das Filzquadrat über den Kopf legen, nach unten streichen und im Halsbereich mit verzwirbeltem Bindedraht fixieren.

3 Die Gesichter aufmalen.

Spinnen

1 Die Vorlage unter die Folie legen und die Spinnen mit schwarzer Konturenfarbe auf die Folie malen.

2 Nach dem Trocknen der Kontur die Fläche schwarz ausfüllen. In die frische, noch feuchte Farbe das Samtpuder streuen. Den Puderrest abschütteln und wieder in die Flasche füllen.

3 Die Farbe einen Tag lang trocknen lassen. Dann die ausgeschnittenen Spinnen auf die naturbelassenen Klammern kleben.

MOTIVHÖHEN

Papiergespenst 9 cm

Spinne 3,5 cm

Serviettenhalter-Gespenst 9,5 cm

MATERIAL PAPIERGESPENST

- Holzwäscheklammer, 7,5 cm lang
- Fotokartonrest in Weiß
- Acrylfarbe in Dunkelblau
- Buntstift in Rot
- Reisigbündel

SERVIETTENHALTER-GESPENSTER

- 2 Nostalgiewäscheklammern, ø 1,5 cm, 9,5 cm lang
- Filz in Weiß, 12 cm x 12 cm
- Acrylfarbe in Dunkelblau
- Bindedraht, ø 0,65 mm

SPINNEN

- 2 Holzwäscheklammern, 4,5 cm lang
- Windradfolienrest, 0,4 mm stark
- Konturenfarbe in Schwarz
- Windowcolorfarbe in Schwarz
- Samtpuder in Schwarz

VORLAGENBOGEN 2A

Ritt auf dem Hexenbesen

→ niedlicher Fensterschmuck

MOTIVHÖHE
Hexe 9,5 cm

MATERIAL BEIDE MOTIVE

- 2 Holzwäscheklammern, 7,5 cm lang
- Fotokartonreste in Schwarz, Rot, Dunkelgrün, Hellgrün, Blau, Orange und Hautfarbe
- Acrylfarbe in Scharlachrot und Schilf
- Reisigzweige
- Paketschnur
- Motivlocher mit Herz-Motiv

VORLAGENBOGEN 2B

1 Die Klammern in Scharlachrot und Schilf anmalen. Alle einzelnen Teile aus Fotokarton ausschneiden. Das Herz ausstanzen oder von Hand ausschneiden.

2 Den Hexenkopf mit der Nase, den Haaren und dem kompletten Hut bekleben und am Kleid anbringen. Das Gesicht aufmalen. Von hinten beide Beine samt Schuhen und beide Hände fixieren. Auf die Strümpfe kleine weiße Pünktchen malen. Die fertige Hexe auf die schilffarbene Klammer kleben.

3 Das Katergesicht gestalten und die Nase ankleben, den Kopf am Rumpf anbringen. Den Kater auf die scharlachrote Klammer kleben.

4 Reisigzweige mit Paketschnur an einen geraden Zweig binden. An den Reisigbesen die Hexe und den Kater klammern.

Spuk auf der Burg

→ Mitternacht

1 Die Burg ausschneiden, die Fensteröffnungen und alle Einzelteile ebenfalls. Das Tor, den Torbogen, den Fensterbogen und das Dach aufkleben.

2 Den Zahnstocher schwarz, die Wäscheklammern dunkelblau anmalen.

3 Nach dem Trocknen den Zahnstocher mit der Fahne aus Filz bekleben und am Dach anbringen. Die Klammern mit dem Mond, den Sternen, den Fledermäusen und dem Gespenst bekleben.

4 Die Fledermäuse und das Gespenst laut Abbildung bemalen. Die Nase und die Wangen des Gespenstes mit einem Buntstift röten.

5 Mit der Lochzange Löcher für die Aufhängung stanzen. Die Burg an den geschwungen gebogenen Draht hängen.

MOTIVHÖHE
30 cm

MATERIAL
- 6 Holzwäscheklammern, 3 cm lang
- Fotokartonreste in Gelb, Grau, Petrol, Schwarz, Weiß, Rot und Hellgrau
- Acrylfarbe in Schwarz und Dunkelblau
- Filzrest in Hellblau
- Bindedraht, ø 1,4 mm
- Zahnstocher
- Buntstift in Rot
- Lochzange

VORLAGENBOGEN 2B

Zwei niedliche Kerlchen

→ mit Regenschirm und Eichelmütze

MOTIVHÖHE

Singing in the rain 13 cm

Der Hut passt gut 9,5 cm

MATERIAL SINGING IN THE RAIN

- Nostalgiewäscheklammer, ø 1,5 cm, 9,5 cm lang
- Acrylfarbe in Hautfarbe, Zartrosa und Antikgrün
- Strickschlauch in Rot-Grau gestreift, 1,5 cm breit, ca. 4 cm lang
- Chenilledraht in Grau, ca. 10 cm lang
- Fotokartonrest in Rot
- Filzstreifen in Rot, 6 mm x 12 cm
- Samtfaden in Rot, ø 2 mm, ca. 18 cm lang
- Zinkeimer, ø 6 cm, 5,5 cm hoch

DER HUT PASST GUT

- Nostalgieklammer, ø 1,5 cm, 9,5 cm lang
- Acrylfarbe in Hautfarbe, Antikgrün und Karminrot
- Filz in Grün meliert, 4,5 cm x 9 cm
- Samtfaden in Rot, ø 2 mm, 20 cm lang
- Eichelhütchen
- Lochzange

VORLAGENBOGEN 2B

Singing in the rain ...

1 Die Klammer in Hautfarbe und Antikgrün anmalen. Das Gesicht gestalten, den Strickschlauch ca. 1 cm vom Ende entfernt mit einem Samtband abbinden und eine Schleife formen. Den unteren Mützenrand aufrollen, auf den Kopf setzen und vorsichtig fixieren.

2 Den Schirm aus Fotokarton ausschneiden, die Innenlinien aufmalen und den in Form gebogenen Stiel ankleben. Den kompletten Schirm an der Klammer anbringen.

3 Den Schal aus Filz um den Hals legen und vorsichtig ankleben. Die fertige Klammer auf den Eimerrand stecken und mit der Heißklebepistole fixieren.

Der Hut passt gut!

1 Die Klammer in Hautfarbe und Antikgrün bemalen. Das Gesicht gestalten.

2 Den Filzumhang nach Vorlage arbeiten. Löcher nach Vorlage ausstanzen, den Samtfaden durchfädeln und den Umhang um den Hals binden.

3 Das Eichelhütchen fixieren. Ebenfalls die fertige Klammer auf den Eimerrand stecken und mit der Heißklebepistole fixieren.

Martinsgans

→ lädt zum Essen ein

1 Die Klammer weiß anmalen, den Kopf und den Kürbis aus Fotokarton nach Vorlage arbeiten. Alle Innenlinien ergänzen und die Wange mit einem Buntstift etwas röten.

2 Aus dem Bindedraht eine Angel biegen und den Kürbis mit Nähgarn an die Angel hängen. An ein Baumwollkordelende eine Hand kleben und trocknen lassen.

3 An den Kopf Federteilchen kleben. Die Füße an der Klammer fixieren.

4 Das andere Ende der Baumwollkordel durch die Metallspirale stecken und die zweite Hand ankleben. Den Kleber gut trocknen lassen.

5 Die fertige Angel mit einem kleinen Tupfen Kleber aus der Heißklebepistole fixieren. Danach, ebenfalls mit der Heißklebepistole, beide Hände an die Klammer kleben.

MOTIVHÖHE

10 cm (ohne Kopffeder)

MATERIAL

- Holzwäscheklammer, 7,5 cm lang
- Fotokartonreste in Weiß, Sonnengelb, Orange und Dunkelgrün
- Bindedraht, ø 0,65 mm
- Acrylfarbe in Weiß
- Baumwollkordelstück in Natur, ø 1 mm, 9 cm lang
- Feder in Weiß
- Nähgarn in Grün
- Nähnadel
- Buntstift in Rot

VORLAGENBOGEN 2B

DIESES BUCH ENTHÄLT 2 VORLAGENBOGEN

IMPRESSUM

FOTOS: frechverlag GmbH, 70499 Stuttgart; Fotostudio Ullrich & Co., Renningen
DRUCK: frechdruck GmbH, 70499 Stuttgart

Auflage: 5. 4. 3. 2. 1.
Jahr: 2008 2007 2006 2005 2004 [Letzte Zahlen maßgebend]

ISBN 3-7724-3278-6
Best.-Nr. 3278